主役はいつも〝私自身〟

フランス人に学んだ
「本当の感性（センス）」の磨き方

*Me remettre au centre
de ma vie*

ロッコ
rokko

*Comment des français
m'ont appris à construire
mon propre univers*

大和出版

「自分のアンテナ」次第で、

毎日は、もっと輝き出す

　「フランス」と聞いて、「おしゃれな国」「芸術や文化を大切にする国」といったことをイメージされるかもしれませんね。

　フランス人は、確かにおしゃれで、芸術や文化を大切にしています。

ですが、その裏側には、フランス人それぞれの「感性（センス）」、つまり、その人だけが持つ「物事をとらえる独自のアンテナ」が隠れているように私は思っています。

　この本では、そんな「感性」について、日本人である私が感じたことを、フランス人の言葉とともに紹介していきます。

　私は2017年から、フランスの地方都市・リヨンに住み、「心豊かな暮らし」について、InstagramやVoicyで発信してきました。また、着物の着付けを通して日本文化の継承活動にも取り組んできました。

　周りのフランス人を見ていて気づいたことがあります。それは、みんな共通して「主役はいつも私自身」だと自覚しているということ。**つまり、主体性を持っていて、誰かに左右されることなく、「独自のアンテナ＝感性」で、自分をありのままに表現しているのです。**

　それは、普段の何気ないひと言からも、知ることができました。

　例えば、友人が私に言った「ブランド物のバッグ？　20年後ならほしくなるかもね！」。10代〜20代の頃、東京に住み、飽きることなくブランド物にお金をつぎ込んできた私にとって、「ブランドではなく、自分らしい物を選ぶ」という考え方に衝撃を受けました。

　また、「とっておきを普段使いするの。毎日が特別な日になるから」という一言も私には感動的でした。毎日の中に散りば

められた小さなこだわりこそ、その人らしい「暮らしの芸術」
だと知ることができたんです。

　それまで私は、「女らしく」「母親らしく」といったイメージ
にとらわれていて、「周りに合わせないといけない」「しっかり
しないといけない」と、「自分らしさ」を失っていました。
　そんな私にとって、周りにいるフランス人の言葉は、すべて
新鮮に感じるものばかり。彼らから気づきを得るたび、私はメ
モを取ってきました。メモにある言葉は、どんどん増えていき、
あっという間に 100 個を超えていました。
　やがてメモを見返して、私自身も、その言葉から学んだこと
を生活の中に取り入れてみたんです。
　すると次第に、とらわれていたイメージから解放されて、
「私なりの感性」を、普段の生活やネット上や、暮らしの中で、
少しずつ表現できるように……！　人生が 180 度変わったと
言っても過言ではありません。

　この本では、「感性＝アンテナ」と捉え、私がメモから厳選
した 100 個の「言葉」を、この本のために撮り下ろした写真
とともにご紹介します。
　ひとつでもいいので、ぜひ参考にしてみてください。
　きっと毎日が素敵に変わっていくはずです！

ロッコ

はじめに　「自分のアンテナ」次第で、毎日は、もっと輝き出す

Part 1　私が学んだ「暮らしに美学を取り入れる」ということ　*Mode de vie*

Part 4 | 私が学んだ
「自然とひとつになる」
ということ *Environnement et nature*

Part 5 | 私が学んだ
「こだわりを持って生きる」
ということ Assumer ses goûts

Part 6 | 私が学んだ「お互いを認め合う」ということ *Tous différents*

Part 7 私が学んだ「その国ごと好きになる」ということ *Connaître ses racines*

本文・カバー写真／ロッコ
衣装（カバー写真、P47）／Sézane セザンヌ
本文レイアウト／今住真由美
本文DTP／白石知美・安田浩也（システムタンク）

Part 1

私が学んだ

「暮らしに
美学を取り入れる」

ということ

Mode de vie

◯◯1　直感を磨く

「コーヒーカップは、
毎朝お気に入りを一客選ぶの。
直感を磨くトレーニングよ」

………

　私が住むフランスの都市・リヨンでは、毎年9月に「Tupiniers du Vieux-Lyon」という陶芸市が開催されます。

　カップや器などの日常使いできるものから、花瓶やオブジェなどの大きな作品まで、作家さんそれぞれの表現方法に出会える刺激的なイベントです。そんな陶芸市に訪れた際、ある作家さんのスタンドで、たまたま横にいたマダムの「コーヒーカップは、毎朝お気に入りを一客選ぶの。直感を磨くトレーニングよ」という一言で、その場の会話が盛り上がりました。

　そして感覚を研ぎ澄ませる日々のトレーニングがあるからこそ、多数の作品を前にしても迷わず「今年の一客」を選べる。

　このような凛とした姿が印象的でした。

　私の義母も、陶芸家の作品を集めるのが趣味のひとつ。棚にはバカンスの旅先で出会ったカップやサラダボウルがあります。

　そんな旅の思い出のシェアも素敵ですよね。

Mode de vie

002　お気に入りと一緒

「ジルのリンゴを
1キロ買ってきて」

....

　パンデミックでご近所の家族が自宅隔離をしたとき、「子どもがまだ小さいのに買い物ができなくて大変だろうな……」と思い、「週末、マルシェに行くけど何か買おうか？」とメッセージで買い物代行を申し出ました。返信は、「助かる！　ジルのリンゴを1キロ買ってきて」でした。

　ジルというのはリンゴを生産している男性の名前で、要は、彼が作ったリンゴを買ってほしいという意味なのです。

　さらには、ジルがいなかったら、ほかのリンゴは買わなくていいとの追伸もあり。このように、マルシェの買い物は、何を買うかより、誰から買うかという考え方が浸透しています。

　買い物は投票とも言いますね。リンゴひとつでも素材のおいしさを吟味する、そして信頼できる人から購入する。そんなこだわりを改めて感じた日でした。

００３　野菜そのものを味わう

「私の野菜で料理が
ラクになったでしょう」

………

　私は毎週土曜日にマルシェに行くことを楽しみにしています。

　マルシェの活気ある雰囲気が好きですし、なにより生産者の
みなさんが愛情込めて育てた野菜は、どれも味わい深く、幸せ
を感じることができるからです。そんなマルシェで毎週野菜を
販売しに来るマダムに、「先週のニンジン、とてもおいしかっ
た。今週も１キロください！」と頼むと、彼女は笑いながら
「私の野菜で料理がラクになったでしょう」と答えました。

　私が出会ったフランスの家庭料理はどれも質素です。

　義母は塩コショウもせずにテーブルに、「どーん！」と炒め
野菜、蒸し野菜を並べます。それは、複雑な味付けをしなくて
も素材そのものを楽しむ食習慣があるからなのでしょう。

　おいしい出汁やソースもいい。でも野菜そのものの味も忘れ
ないように。たまには、凝った味付けをしないで食べてみるの
もいいのではないでしょうか。

Mode de vie

004 デコレーションする

「季節の色、植物、
お花でテーブルを飾ってみる。
最高のデコレーションでしょう」

....

　子どものクラスメイトで知り合ったフランス人ママ。
「最近、趣味でテーブルコーディネートを記録しているの」と
写真を見せてくれました。きっと高級感ある「フランス流」と
いう感じなのだろうな……と想像していた私は、写真をのぞい
てびっくり。思いのほか、とてもシンプルだったのです。

　アイボリー色の無地のテーブルリネン、マルシェで購入した
ユーカリの葉、そして公園で摘んだ野花をミニチュアの花瓶に
飾っているだけ。さらに、テーブルリネンは飽きない定番カ
ラーを年中使っているとも教えてくれました。これは、物を増
やしたくない私が一番共感したポイントでもあります。

　**エフォートレスな彼女のテーブルコーディネート。「これな
らできるかも！」と思いませんか。**

　我が家では、子どもたちもお花を飾ることが大好きです。

　ぜひ、お花や植物を日々の暮らしに取り入れてみてください。

○○5　花を飾る

「ミニマリストな花。
日本の生け花は、
花の芸術だね」

………

　お花の仕事に携わる男性が興味を示したこと、それは、「日本の生け花」です。

　空間を埋めつくす足し算のフラワーアレンジメントに対して、日本独特の引き算の美学を追求する生け花。私はそれまで「お花のことはよくわからない」「花のある暮らしなんて夢のまた夢」と決めつけていました。それでも、美的センス抜群の彼らが絶賛する言葉を聞いていると、「どんなものだろう？　体験してみたい！」と感じるようになりました。

　現在私は、リヨンで草月流いけばなを学んでいます。

　海外では枝ものの調達が難しいこともありますし、同じお花でも種類の違いに苦労することもあります。

　それでもお稽古を通して、日本の美意識やおもてなしの精神を知ることは、フランスで暮らし、フランスで働く私の価値観やアイデンティティの確立に役立っています。

⓪⓪⑥　水差しにこだわる

「同じ水も入れ物で
印象が変わるのよ」

....

　テーブルが華やかになるアイテムのひとつに、水差し（ピッチャー）があります。日本でお水や麦茶を入れる容器は、本体がガラス製、またはプラスチック製のシンプルなポットが一般的ですが、水差しひとつでテーブルの印象は大きく変わります。

　右の写真は、義理の祖母のコレクションです。

　サイズもスタイルもさまざまで、季節やシーンを考えながら選ぶことが楽しみになります。このように、フランス人の暮らしの美学は、身近なところから取り入れることができます。

　そしてもうひとつ。もしあなたがフランスに来て、素敵な水差しに出会ったら、持ち主に「これはどこの物ですか？」と聞いてみてください。**彼らが大切にしているエピソードに出会えるかもしれません。**

Mode de vie

007　照明はほどほどに

「ベルサイユ宮殿のような
明るさだわ」

………

「ベルサイユ宮殿のような明るさだわ」とは、家中の電気をつけっぱなしにしていたら、義理の母から言われた一言です。面白い表現ですよね！

　日本の住まいに比べると、少々暗めの印象を受けるフランス人の家庭の照明。夜間の室内で家族写真を撮影するのは、至難の業です。ただ、視点を変えれば、間接照明・キャンドル・暖炉など、自分たちのライフスタイルに合った心地よい照明作りのプロとも言えます！　**日中は、蛍光灯やシーリングライトが発する「昼光色」「昼白色」などで太陽により近い光で活動的に過ごしますが、帰宅後、家族とリラックスする空間では照明もそれに合ったものを適切に選択しているのです。**

　我が家は、子どもの就寝2時間前には照明を切り替え、お絵描きや読書をして、家族で静かな時間を過ごすことを心がけています。

○○8 インテリアは入れ替え制

「普段のインテリアに
クリスマスの飾りを足したら
爆発するわね！」

………

クリスマスが近づくと、ツリーやオーナメントなど、各家庭のインテリアも気合が入ります。我が家も例外ではありません。

特に、フランスに移住して最初の数年間は、次々と飾りを買い足していたので、ついに収拾つかなくなってしまったことを覚えています。これじゃあ、物置小屋のよう……。ある日、友人に相談したら快く話を聞いてくれました。

彼女のアドバイスは日常物と季節物の入れ替え制。

「飾りは入れ替えが命！　そうしないと爆発するから！」

と力説します。インテリアについて考えるのが得意ではない私にも、このアドバイスはしっくりきました。

日本にも、お正月、ひな祭り、子どもの日、ハロウィン、クリスマス……季節の飾りつけが多いですよね。ぜひ入れ替えシステムを試して、季節の飾りつけを取り入れてみてください。

○○9　ちぐはぐでもいい

「両親の家は、
不揃いが
しっくりくるんだよね」

………

　義理の両親へのクリスマスプレゼントを探していたときに、夫が言った「両親の家は、不揃いがしっくりくるんだよね」が印象的でした。

　古い物を大切にする、完璧を目指さない、そして不完全でも美しいと教えてくれたのはフランスの家族です。

　例えば、ペアじゃないカップ、不揃いなデザインの椅子で囲むダイニングテーブル、時には道端で拾った物なんかも取り入れる……。

　有名なインテリア雑誌に掲載されるような、洗練された物とは少し違うかもしれない。けれどこのタイプの人たちは、自分の「好き」を誰よりも知っていて、とことん向き合い、大切にしている。

　そんな空間には、型にはまらない発想があると感じるのです。まさに「お気に入りに囲まれた暮らし」ですね。

Mode de vie

⓪①⓪　家作りの３ステップ

「インテリアは展覧会」

·········

「インテリアは展覧会」とは、家作りをテーマにした雑誌のインタビュー記事で印象に残っている言葉です。

　住まいのデザインは、私が苦手な分野ですが、展覧会に見立てて考えるのは新しい発想でした。実際に試してみると、自分らしさが大きな軸となり、買い物も迷わずできることがわかります。

「自分らしさを表現するインテリア」は、次の３ステップに沿って作ることができます。

１．**不要な物を手放し、暮らしに余白を作る**

２．**自分の「好き」やこだわりを追求してスタイルを持つ**

３．**展覧会をイメージしてインテリアで表現する**

　ポイントは、独自のスタイルに一貫性があることです。

　インテリアは展覧会。

　あなたはどんなテーマで企画をしますか？

011　新しい視点と出会う

「アートを買うこと、
それは新世界との出会い」

....

リヨンで有名なギャラリストのマダム。

　現代アートに興味があるけど、ギャラリーの雰囲気って高級ブランドのお洋服屋さんと同じで、なんだかソワソワする。

　そんな私のイメージをまるっと取り払ってくれたのが、気さくな対応でアートについて説明してくれた、ギャラリストのマダムです。

「自分の感性を信じてアートを選ぶわ。私にとってアートを買うこと、それは新世界との出会いなの」。

　作品の解釈が自由な現代アートは、廃材も作品になってしまうことがある。彼女は、「だからこそ！」と強調して、そんな新しい視点との出会いが一番の楽しみだと教えてくれました。

　有名な美術館だけでなく、街中のギャラリーなども立ち寄ってみてください。

　フランス人の感性を垣間見ることができるはずです。

Mode de vie

012　自分だけの色を使う

「緑色のペンで書かれた手紙は、
祖母からの手紙」

....

　私たち夫婦が日本に5年間住んでいたときに、フランスの家族や親戚からたくさんの手紙が届きました。

　ある日、ポストの手紙を手に取った夫が「緑色のペンは、祖母の目印」と教えてくれました。

　フランス人のパスポートには瞳の色の表記があるのを知っていますか？

　祖母は瞳の色である緑色が大好きで、服もアクセサリーも、そしてペンの色も揃えてしまう人でした。

　そんなふうに自分の「好き」を表現して、自他ともに認める「緑色のペンの祖母」になったのです。

　このエピソードをきっかけに、私も自分の色のペンを探していますが、「コレ！」という1本にまだ出会えていません。

　もし、あなたが自分の目印のペンを選ぶなら、何色にしますか？

○13 妥協しない

「あなたが身につけた
香りの変化を
観察してください」

....

　ある調香師さんが新作の香りを発表したと聞きつけて、早速お店へ向かいました。

　いつも心地よい香りに包まれている店内。ブロンドヘアをポニーテールにまとめて、キリッとした表情のマダムが、新作の特徴について丁寧に説明してくれました。「これは絶対ほしい！」と衝動買いしそうになった私に、彼女はすかさず提案します。

「手の甲につけてみますね。今日はすぐ買わないで。あなたが身につけた香りの変化を観察して、気に入ったらまた来店してくださいね」

「１回目の訪問で買わせない」というこのお店の方針にはびっくり。

　それと同時に、「自分に合っているか」を吟味するフランス人の「香り選び」の奥深さについても教えてもらいました。

Mode de vie

⓪14 ディスプレイで表現

「ディスプレイは、
自己表現の練習だね」

………

フランスに来たら、ぜひ注目していただきたいこと。

それは、お店やマルシェのディスプレイです！

商品の陳列、野菜の積み上げ、ケーキの飾り方……どれも日本にはないような発想を感じることができるからです。

ある週末のマルシェでは、こんな言葉に出会いました。

「ディスプレイは、自己表現の練習だね」。

八百屋のお兄さんの言葉なのですが、アーティストのような言葉が素敵でした。また、彼が誇らしげに話す陳列は、山のように積み上げられたミカン、赤と黄色を交互に並べた格子模様のパプリカ、収穫したままの状態で鮮度を伝えるアーティチョーク……さながらアート作品のような光景なのです。

マルシェは、新鮮な野菜を購入するだけでなく、お店それぞれの世界観を感じることができる場所でもあるのです。

Part 2

私が学んだ

「ファッションで
表現する」

ということ

Mode

Mode

○15　自分らしさを見つける

「ブランド物のバッグ？
20年後ならほしくなるかもね！」

·········

　ブランド物に、そもそも興味がない人がいるという事実に衝撃を受けました。なぜなら私は、10代〜20代で飽きることなく毎月お洋服にお金をつぎ込み、借金までしていたほど。生まれ育った東京は、いつの時代もブランドのショップで溢れていたので、ファッションに興味がある人なら、「ブランド物の魅力」について共感してくれるものだと思い込んでいたからです。

　ある友人は、ブランド物について、「否定はしないけれど、自分らしくない」と断言します。

　正直私は、流行を追いかけていた当時は、「自分らしさ」なんて考えていませんでした。一方、その友人は、ファストファッションや古着でも、服を「ただ着る」だけではなく、自分のスタイルに「なじませる」。友人を通して、そんなふうに洋服と深く付き合うこともできるんだなあと考えさせられました。

Mode

○16　ブランドより自分目線

「ブランドのロゴが入った服は
選ばない」

………

ブランド主義だった私は、ロゴ入りの服ばかり持っていました。

恥ずかしながら、「ヴィヴィアン・ウエストウッドのオーブや、マルタン・マルジェラの白いタグにこそ価値がある！」とさえ思っていた時期もあります。

ですが、私の身近にいる「シンプルなのにいつもおしゃれな着こなしをしている女性」は、どんな服でも、選ぶ基準は「自分に似合うかだけ」と言います。

そして、大胆にブランドのロゴが入っている服は、どれだけデザインが好みでも購入しない。「だって私は、歩く広告じゃないもの！」、そんなふうに話してくれました。

迷わない信念を持っている人は、自分が輝くポイントもよく知っているのですね。

Mode

◯17　素材で選ぶ

「服の選び方が変わるよね。
素材を確認するように
なるでしょ！」

……………

　日本でもフランスでも、女友達とファッションについてあれこれ話すことほど楽しいことはないですよね。

　この日も、近所のカフェで友人と服の選び方について話していました。「若い頃はデザイン重視で服を選んでいたけれど、年を重ねた今、夏はリネン製品が心地いいし、冬は上質なウールやカシミヤを選ぶようになった」という彼女の話に共感しました。

　ファッションが好きな人だからこそ、たくさん失敗して素材のよさに行きつきます。

　専門家でなくても、素材の特徴や季節性などを調べてみると、また新たな服選びの基準ができます。

　お気に入りの服こそ、長く付き合いたいですよね。

シックで上質、世界観が支持されるフランスのブランド、「Sézane　セザンヌ」。

Mode

○18　よさを活かす

「デコルテがしっくりこない
フランス人もいるわ」

………

「デコルテ（Décolleté）」は、フランス語で、胸元から肩、首まわりのあたりを指し、「襟ぐりが深い」という意味があります。ファッション用語では、鎖骨から胸元を美しく見せる服やドレスのことを指します。

　そんなデコルテの服を日本人の私が着てみるとどうでしょう？　なんだかしっくりこない。胸元が空きすぎて落ち着かない……。友人にそんな話をすると、笑いながら「デコルテがしっくりこないフランス人もいるわ」と言われてしまいました。

　それ以来、「日本人の私だったら？」「自分の体型だったら？」と自問自答した末にたどり着いたものが「着物」です。

　着物を着て、首元や、腰かけたときに少し見える足首には、デコルテに通ずる美しさがあります。**あからさまに見せるのではなく、さりげなく。そういう方法が合っている。**そんな日本の美学を再発見させてくれたエピソードです。

Mode

⓪①⑨　ワードローブと対話

「ファッションは私たちに
自信をくれる、心強い味方」

………

ファッションが大好きなのに、何を着たいのかわからない。

完全に迷子だった30代半ば。病院の待合室でたまたま手に取ったファッション誌で、フランス人スタイリストが「ファッションは私たちに自信をくれる、心強い味方」と語る文章に目が留まりました。

確かに、学生の頃はブランド物を身につけるだけで背筋がピンと伸びる気持ちになったし、見える景色も変わった……。そんなことを思い出しました。

その後、子育てや仕事に追われ、完全にお手上げ＆放置状態だった服選び。**数年かけてワードローブの1点1点と対話することで自分に正直になりました。**

そして現在は、作り手の理念やこだわりに注目してみる、「自分のライフスタイルに合っているかな？」と購入前に自問自答してみるなどと工夫して、心地よい服選びを目指しています。

Mode

◯20 ときには大胆に

「夏、派手な柄物の
ワンピースを着たくなるの」

·········

　夏になるとフランスでは、目覚めるような色や、派手な柄の服が店頭に並びます。年齢問わず、街ゆく人々の服装が一気に華やかになるのです。

　近所の図書館で働いている女性も、夏のバカンス期間になると、青や緑の爽やかな色合いの柄物のドレスを着ていました。「素敵ですね」と話しかけると、太陽のような笑顔で、次のように答えてくれました。「普段はシンプルな服装を好むけど、夏が近づくと柄物が着たくなるの」と。

　フランスの年度末である６月頃から、みんなの気分はバカンスモードになるように思います。

　日々のファッションでも、意外性に挑戦する余裕ができるのかもしれませんね。

Mode

○21 爽やかさを演出

「バカンスは真っ白な
コーディネートもいい。
暑さを感じさせない服選びをするわ」

....

　バカンスシーズンの南フランスでは、白シャツ、白ボトムの全身真っ白なコーディネートをよく見かけます。

　ある友人も旅支度の際、「どんな服を持っていく？」という話題で、真っ白なコーディネートについて語っていました。

　特にフランスは冷房がない建物も多いので、熱波が来るような夏は、天然サウナ状態なのです……。

　それでも暑苦しさを感じさせない彼らの装いの秘密は、爽やかさのある色選びと、通気性がよく、快適に過ごせるリネン素材を選んでいることでしょう。

　真っ白のコーデはハードルが高いかもしれませんが、トップスかボトムス1点だけでも、ぜひ取り入れてみてください。

　湿度が高い日本の夏も、少し快適になると思いますよ。

Mode

022　気分までカラフルに

「モノトーンじゃ寂しいときも
あるでしょう」

·········

　フランスの街中を散歩していると、男性の着こなしにハッと
して、振り返って二度見することが増えました。

　なぜなら、豊かな色使いが目を引くからです。

　**赤やオレンジのボトムス、カラフルなシャツ、おしゃれな
柄の靴下など……。特に、年を重ねるごとに無難な服装になり
がちな男性がこのようなアイテムを身につけていると「おしゃ
れだなぁ」と感じます。**

　服装にまったく興味がない夫も、誕生日やクリスマスのプレ
ゼントで、左右柄の違う靴下（右がサル柄、左がバナナ柄！）
や、モチーフがかわいいスリッパなどをもらったとき、喜んで
いました。

　自分では買わなくても、「プレゼントでもらったら着てみよ
うかな？」と思う人も多いはず。

　贈り物のアイデアにぜひ！

Mode

023　主役を決める

「今日の主役は何？」

·········

　気分転換にカフェで仕事をしていたときのこと。

　隣の席でお茶をしていたマダムが、雑誌のインタビューを受けていました。

　「今日の主役は何？」という記者の質問に、「この個性的なカットのデニムよ」と堂々と答えるマダム。

　この質問に迷わず答えられること自体、日々のおしゃれにぬかりがない証拠。

　そして、こんなふうに「今日はこのアイテムがメイン！」と決める方法もいいなと思いました。

　主役が明確に決まっていれば、コーディネートも組みやすいですよね。

　あなたは毎朝の服選び、主役を決めていますか？

Mode

○24 履きこなす

「レザーのフラットサンダルで
石畳もたくさん歩ける」

·········

　前著『フランスでやめた100のこと』でも、移住してから
ヒールの靴を次々手放して、フラットシューズを愛用している
ことを書きました。

　フランス人の足元、夏の定番はレザーのフラットサンダルで
す。石畳もたくさん歩け、耐久性も抜群で、支持されています。
履き心地を重視しているからこそ、フランス人は足になじむ素
材にこだわるのでしょう。

　そしてレザーは、お手入れも楽しみのひとつですよね。

　週末、ほんの少し時間をつくり、服や靴のケアをします。

　履いているときは気にならないキズを発見する、かかとの減
り具合で自分の歩き方の癖がわかるなど、気づきも多いです。

　そして、せっかく靴のお手入れをするなら、収納棚もお掃除
をして、きれいに靴を並べなおすのもおすすめです。

025 雨の日も特別

「雨の日だからこそ
黄色を着たくなる」

....

　フランスの雨の時期は、日本の梅雨のように1日中雨が降り続くことは少ないので、駅やカフェで雨宿りをしてしのぐことができます。上着のフードをさっとかぶり、歩いている人もいます。こんなふうに傘をささないフランス人を観察していると、彼らのこだわるポイントが見えてきます。

　それは、レインコートです。

　フランスの老舗ブランドである「プチバトー」では、漁師さんのワークウェアからインスパイアされたヨットパーカーが販売されていて、子ども用も大人用もカラフルな色合いが多く、見ているだけで明るい気分になります。

　憂鬱な雨の日こそ、ファッションを味方につけて過ごす。

　そんなポジティブな視点で考えると、お気に入りのレインウェアを着る「雨の日」が楽しみになりますね。

Mode

026　スカーフを使いこなす

「アクセサリーのように
シルクのスカーフを
選んでください」

....

　私の住むリヨンは、絹織物産業で栄えた都市です。

　リヨンにあるクロワ・ルースの丘では、現在も職人が働いているアトリエを見学することができますが、天井までの高さがある織機は迫力があります。織物をひとつほしいと思っても、シルクのスカーフは、色柄が豊富で選ぶのが難しいな……と、ある日、専門店で質問をしたところ、お店のムッシュー（＝男性）は次のように答えました。

「アクセサリーのようにシルクのスカーフを選んでください」。

　さらに「カラフルなスカーフを身につけたら、アクセサリーをひとつはずしてください」とヒミツを教えてくれました。

　なお、リヨン産のシルク製品は、アトリエ内のブティックや旧市街の各種専門店で購入できます。大切な人へのお土産だけでなく、ご自身の旅の思い出にも最適です。

　ぜひ特別な１点を探してみてくださいね。

Brochier Soieries
Boutique du Vieux Lyon
16 et 21 rue du Bœuf
69005 Lyon

Mode

027　手元をおしゃれに

「彼女は手元も
着こなしているよね」

·········

「特別に着飾っていないけれどおしゃれに見える人」の共通点、
それは、手元がおしゃれなことです。

　記念日の贈り物でもらったブレスレット、気になるクリエー
ターのリング、遊び心のあるネイルなど……。

　**手元は、デザイン性のある服のようにスポットライトの当
たる主役にはならないけれど、充分に自己表現できるパーツ
ですよね。フランス人のマダムの手元を観察していると、彼女た
ちの美意識を感じることが多いです。**

　私が朝の服選びに迷ったときに実践しているのは、身につけ
たいアクセサリーを直感で選ぶこと。

「ゴールドの日」「パールの日」などテーマを決めて、アクセ
サリーを起点に服装を考えてみるのも楽しいです。しばらく身
につけていなかったアイテムとも再会できるチャンスです。

変形や不揃いの「あこや真珠」を使用したジュエリー、uraha bijoux。個性的な美しさが魅力。

Mode

028　いつもと同じでいる

「いつも同じでいいんだ。
遠くから見ても赤いベレー帽子が
見えたら俺のことわかるでしょ」

....

　近所のカフェで毎日コーヒー1杯と新聞を頼む、60代のムッシュー。彼のトレードマークは赤いベレー帽子。

　挨拶とともに「帽子がお似合いですね」と声をかけると、「いつも同じでいいんだ。遠くから見ても赤いベレー帽子が見えたら俺のことわかるでしょ」と返ってきました。

　彼の言うとおり、カフェでもマルシェでも、赤い帽子がチラッと見えると「あ、あのムッシューがいる」と思うのです。

　そして、このエピソードで思い出したイヴ・サン＝ローランの名言があります。

　Les modes passent, le style est éternel.

（ファッションは色あせても、スタイルは永遠のものだ）

　いろんなファッションに手を出して、トレンドを追い駆けてきたからこそ、自分のスタイルを築くことの大切さに気づくのでしょう。

029 空気を入れ替える

「服はぎゅうぎゅうに
詰め込まない」

·········

　私の周りのフランス人にワードローブについて聞くと、「厳選
された10着」を持つのではなく、物持ちという人が多いです。

　ある日に私が立ち寄ったお店の店員さんは、めずらしく自身
のワードローブ作りにこだわりのある人でした。

　ここに、彼女のアドバイスをご紹介します。

・服を買うときは、時間をつくって必ず試着する

・ワードローブは、少量を心がけ、風通しをよくする

・着ない服は、潔く手放す

　ほかにも、詰め込むと服の形が崩れてしまうことや、生地が
すれて傷んでしまうことなどを教えてもらいました。

　店頭のディスプレイをそのまま再現することは不可能ですが、
服の管理は心の状態を表すとも言われています。

　最近メンタルの調子が悪いな……というときこそ、ワード
ロープの整理をして空気を入れ替えるようにしたいですね。

Part 3

私が学んだ

「時間をかけて
大事にする」

ということ

Transmettre la valeur

Transmettre la valeur

◯3◯ リフォームする

「年中家の工事さ。
家は育てるものだから」

....

　義理の妹夫婦は、フランス・ローヌ県の元撚糸工場を購入し、日々、大がかりなリフォームをしながら家族6人暮らしの家を改良しています。「どんな家なの?」って思いますよね(笑)。

　工事の内容は、壁を壊してダイニングとリビングを繋げる、窓のないところに窓を作る、コンクリートを取り払って庭にする、子どもたちのためにツリーハウスを手作りする、ニワトリの小屋を作る、などなど。

　次々とおこなわれる大胆なリフォームはドキュメンタリー番組を見ているようでとても楽しいですし、彼らのセンスには「わっ!」と驚かされることばかり。

　キッチンもバスルームも自分たちのこだわりを追求しながら選んでいき、新しいものと古いものをバランスよく融合させることにも長けています。DIY がデフォルト。だからこそ海外のインテリアは唯一無二の空間が多いのでしょう。

０３１ 過程が大事

「最近はヴィンテージの服が多い。
その服がどんな人生を
生きてきたか考えるの」

....

　先日、「フランス人って、こんなことを考えているの？」と
びっくりした出来事がありました。

　それは、着こなしが上手な友人が、「最近はヴィンテージの
服が多い。その服がどんな人生を生きてきたか考えるの」と話
していたこと。

　彼らのファッションに対する信念を感じました。

**「安いからという理由だけでなく、『一点の服が、どんな時代
を生きてきたのか』という、その服のストーリーを身につける。
それが自分のスタイルになるのよ」**と話す彼女。

　絶えず最新の情報が流れるこの時代、「なぜ選ぶのか？」を
ひとつひとつ考え、選択することで、より自分を理解し、自信
を持って生きることができるのではないでしょうか。

Transmettre la valeur

◯32　ベストサイズにする

「たった1センチでも
お直ししますよ」

·········

　ネットで購入したボトムスが長すぎて大失敗したとき、家の近くのお直し屋さんに相談しました。とても小さなお店で、普段はその存在も気づかなかったほど。緊張しつつも思い切って入店しました。シャンソンをBGMとする店内には、おしゃれなマダムがひとり。ヴィンテージのパンツスーツを着こなし、首にメジャーをかけ、丁寧に対応してくれました。

「たった1センチでもお直ししますよ。あなたのベストサイズを見つけましょう」。

　彼女の話によると、このお店には、私のような買い物に失敗した人だけでなく、既製品を数センチだけお直しするお客さんも多く来店するとのこと。洋服に関しては「自分の体型が変化したから……」と妥協することが多かったのですが、今は、ちょっとサイズが違うなと感じたら彼女に相談しています。

()33 色あせてもいい

「長い歳月を経て作られる、
古いポストカードの
色合いが好きなのよ」

………

フランスと言えば蚤の市。ここは面白い出会いが多い場所でもあります。ある日の蚤の市で、ポストカードの入っている箱を吟味しているマダムと出会いました。彼女は、出展者とも親しく挨拶を交わし、それから私に向かって「私は、古いポストカードの収集家でね」と教えてくれました。そして「古い物ひとつひとつの歴史がたまらなく好き」とも。

　私は、過去にフィルムカメラで撮影をしていたので、古い写真をたくさん所有していました。今あの頃の写真は年月の経過とともに色あせ、プリントしたての新鮮さはありません。家の片づけをする中で、それらを大量に処分することもありました。**でも彼女の言う、「時間をかけてできあがる色合いの魅力」という視点にハッとさせられたのです。**

　その日、蚤の市からの帰り道、私は彼女の家に飾られる古いポストカードを想像していました。きっと素敵な家なのだろうな。

○34　アナログの音を聴く

「レコードは、
音楽をより心地よく
耳へ届けてくれる」

………

　閑静な住宅街にある音響修理店。外から眺めていると、古い
レコードプレイヤーやスピーカーが並ぶウインドウに目を留め、
お客さんがお店に吸い込まれるように次から次へと入店してい
く様子が見えます。

　気になって私も扉を叩いてみると、年配のムッシューが快く
迎え入れて、レコードに対する愛を語ってくれました。

　特に印象的だったのが、「レコードは、音楽をより心地よく
耳へ届けてくれる」です。

　**手軽に音楽を楽しめるようになりましたが、時には過去を
振り返って、アナログの音質に耳を澄ますのもいいでしょう。**

　デジタル世代の子どもたちとレコードを手に取ってみたり、
週末に、アナログレコードを聴けるカフェを探してみるのもい
いかもしれません。

◎35　時間を大事にする

「手間と時間をかける
贅沢なんだ」

………

　市内の川沿いで絵画を販売しているムッシュー。「手間と時間をかける贅沢なんだ」と、自分と絵画について話をしはじめました。当時の私が思い浮かべる「贅沢」と言えば、高価な物を買う、おいしいレストランで食事をする、海外旅行へ行くなど、お金と結びつくことがほとんどでした。

　でもこの言葉のおかげで、「時間をかける」という人生の楽しみに気づかせてもらったように思います。

・友人とテラス席でワインを飲む
・学校帰りに子どもたちと寄り道する
・日々成長する赤ちゃんをじっと観察する
・バカンスで読書をする

「えっ、そんな時間なんてない！」という声も聞こえてきそうですが、ほしいときにほしい物が手に入る今だからこそ、私はこういう時間を大切にしていきたいと思うのです。

036 形見を身につける

「祖母の形見の指輪なの」

·········

　古い物と新しい物を融合させて独自のスタイルを確立している人に、つい目を奪われることがあります。彼らは、家族の形見であってもうまくスタイリングしています。女性はピアスや指輪などのアクセサリー、そしてバッグや帽子、手袋などの小物を受け継ぐことが多いようです。亡き祖母がどんな人だったのかの思い出や学んだことなども教えてくれます。

　そもそも形見とは、亡くなった近しい人が日常的に使っていた物や、その人にとって思い入れのあった物。**家族や友人、人との繋がりを大切にしているフランス人だからこそ、悲しい出来事も自分の人生の一部として表現してしまうのでしょう。**

　私には、着物が大好きだった母が手作りした帯留めがあります。興味があることにはすぐ挑戦して、なんでも手作りしてしまう母のエネルギーを思い出す形見です。

　あなたには大切な人の形見、ありますか？

037　過去も自分の一部

「『懐かしい』は、自分の原点」

．．．．．．．．．

　病院の待合室にある雑誌の表紙に書かれた「『懐かしい』は自分の原点」という文章に目が留まりました。それは、ある心理学者のコラムにあった文章で、「『懐かしい』というポジティブなエネルギーは、老人ホームでも会話を盛り上げるために使われている」という内容でした。

　フランスで暮らしていても、私の「懐かしい」は日本のこと。

　原宿ストリートファッション、90年代に流行った曲、少女マンガ、集めていた文房具、おもちゃのような携帯電話。

　あの頃の写真を見ると、嬉しい悲鳴が出てしまうのに、私は年を重ねるにつれて、「これは昔のこと、恥ずかしい過去」というラベルを貼り、そっと蓋をしていました。

　でも、これこそ自分の原点。自分だけの世界観で表現するには、好きな物やこだわりを知ることからですね。

　あなたも、自分だけの「懐かしい！」を大切に。

０３８　大事なのは値段ではない

「物の価値は値段じゃないから」

....

　フランスで過ごす初めてのクリスマス。子どもだけでなく、大人もしっかりプレゼント交換をするのが家族の楽しみです。

　クリスマス当日、もらったプレゼントの値段がシールで隠されていることに気づきました。

　日本では一般的に、贈り物の商品に付いている値札はペンで消す、またはラベルをはがすのが常識とされていますよね。これは、贈る側がプレゼントの金額を明かさず、受け取る側に金銭的な面を意識させない気遣いですが、海外のお店では必ずしもそのような対応をしてくれるわけではありません。

　そんな習慣について、「日本との共通点があるね」と、夫に話したところ、「物の価値を値段で判断しない子育ての方針が隠れている」と教えてくれました。子どもへのプレゼントでは、そういった考えも受け継いでいくものなのだなあと、あたたかい気持ちになりました。

０３９　姿勢は一生もの

「姿勢はファッションより大切」

·········

「魅了されるほど圧倒的な存在感を放っている人」に共通すること。それは姿勢の美しさです。

決して華やかな装いではなくても、スッと伸びた背筋や歩き方は、その人の美意識を表現するのだと思います。

長時間スマホやパソコンを見ていると、肩が内側に入り、姿勢が猫背になりやすくなるものです。

子育てをしている方の場合は、授乳や抱っこも姿勢に負担がかかりますよね。

そんな方におすすめなのが、１日５分の「壁立ち」です。

頭、肩、お尻、かかとをピッタリ壁につけるだけ。

日々の適度な運動はもちろん大切ですが、いい姿勢を保つことも立派なエクササイズです。

０４０ マナーは暮らしの知恵

「それだけ食事の時間を
大切にしているから」

………

「肘をつかない」「食べながら話さない」「手で触らない」……。

さらには、「大人の会話をさえぎらない」「みんなが食事を終えるまで着席している」など、大人社会のフランスでは、「テーブルマナーが厳しいなあ」と感じることが今でもあります。

当時２歳前後、イヤイヤ期真っ盛りだった息子も、注意しては大泣きして、大変だったことを思い出します。

そんな本音をママ友に話したら「それだけ食事の時間を大切にしているのよ。大人になれば、どんなレストランでも焦らず食事ができるようになるのだから、大切なことよ」と返ってきました。

もちろん各家庭によって考えは違いますが、こういった暮らしの知識こそ、しっかりバトンを渡していきたいものですね。

◎41 エイジングケア

「若い頃はスキンケア重視だったでしょう。年を重ねるとともにヘアケアも忘れたくないですね」

....

　移住してすぐの頃は、日本人の美容師さんにお世話になっていた私。あるとき、ヘアカラーをすることをきっかけに、思い切ってフランス人美容師のいるヘアサロンに入店しました。

　右ページの写真の美容師さんは、独立開業してサロンを運営する女性。対応や技術はもちろんのこと、同世代なので会話も絶えず、毎回充実した時間を過ごしています。

　また、髪質や頭皮の状態を見て、できるだけ負担のないヘアケアを提案してくれるのも嬉しいです。

　彼女が特に念押しするのが、ヘアケアの重要性。

　例えば、シャンプーの原料について知る、丁寧に髪を洗う、白髪染めは頑張りすぎない、など。「髪を切る」だけではなく、現地のエイジングケア事情やフランス人女性の考えについて知ることができる場所でもあるのです。

○42 オフラインの交流

「祖父母とのやりとり。
手紙を楽しみにしているの」

....

　手紙から電子メールへ。祖父母や親戚ともオンラインのやりとりをするようになった方も多いのではないでしょうか。

　ある友人は、それでも手紙を続けるのだと言います。

　なぜなら、手書きの文字や文章の書き方から「その人らしさ」を感じ、あたたかい気持ちになるから。

　海外に移住した私も、日本に住む祖父とはずっと文通でした。

　家族間でも、祖父の書き言葉は、敬語。

　どこか女性らしいしなやかな文字を書く彼のスタイルが大好きでした。

　季節の訪れを表現する便箋や封筒、切手選びも、送り主のこだわりを感じる部分ですよね。

　なんでもない今日、手紙を書いてみませんか。

０４３ 年を重ねる

「20歳の顔は自然からの贈り物、
30歳の顔はあなたの人生、
50歳の顔はあなたの功績」

………

「20歳の顔は自然からの贈り物、30歳の顔はあなたの人生、50歳の顔はあなたの功績」は、ココ・シャネルによる名言です。この本を執筆するにあたり、今までに影響を受けた言葉を振り返っていました。そこで気づいたのは、その言葉の多くが、フランスのシニア女性、つまりマダムたちの言葉だったことです。「こんなにも強く心に響く言葉が多いのはなぜだろう？」と考えて、改めて感じたのは、やはり私自身がひとりの女性として、彼女たちの考え方や生き方に共感し、学ぶことが多いということです。

　50代、60代、70代……どの年代のマダムの言葉も、ひとりひとりのストーリーや価値観、信念を感じる言葉が多いのです。**「今日が一番美しい」**と、笑顔を忘れずに生きていく。

　毎日の積み重ねを大切にして年を重ねていきましょう。

Part 4

私が学んだ

「自然と
ひとつになる」

ということ

Environnement et nature

０４４　季節を味わう

「トマトの季節、
満喫しなくっちゃ！」

． ． ． ． ． ． ． ． ．

　フランスの夏は、サラダを楽しむ季節です。特に大ぶりの真っ赤なトマトは、定番の夏野菜。

「Cœur de Bœuf 牛の心臓」という品種に出会ったら、ぜひ購入してください。生命力溢れる味わい深いトマトです。

　今回は私の大好きなトマトサラダをひとつご紹介します。

■ギリシャ風サラダ

・トマト（一口大に切る）

・黒オリーブ（種を取り、細かく刻む）

・フェタチーズ（手で小さく崩す）

・生バジル（食べる直前にふりかける）

　オリーブオイルを回しかけて、粒々の塩と胡椒でいただきます。キュウリを加えたり、トマトの半量をスイカにしたり、お好みでアレンジしてみてください。このサラダと、キンキンに冷やしたロゼがあれば、気分は南仏です。

045　環境を大事にする

「何が食べ物か？
それは私が決める」

・・・・・・・・・

　ベジタリアンやヴィーガンを自ら選択する「菜食主義」と呼ばれる若者が増加しているというニュースを見ました。

　彼らがお肉や乳製品を口にしなくなる理由のほとんどが、環境問題のためだという事実にも驚きました。

　私の身近では、義理の妹が当てはまります。

　彼女は、食以外にも、身につける物、買い物をする場所、移動手段……、常に環境について考えています。

　バランスのいい栄養を意識して、いつも赤・黄・緑の三色食品群の図が頭に浮かんでいる私は、ここでも「そんなこと考えたことなかった！」と驚いてしまったのですが、もし子どもたちが同じような決断をしたときには、その意志を尊重できるように考えていきたいです。

０４６　自分を知る

「身体の声をよく聞いて」

・・・・・・・・・

　年齢とともに女性の心と身体は大きく変化するものです。

　そんな心と身体の悩みをいつも聞いて、丁寧にアドバイスしてくれるのが、助産師さんです。

　フランスに移住して間もなかった頃から、月経・避妊・妊娠・出産など、私が異国でも不安な気持ちになることなく過ごせているのは、お世話になっている彼女のおかげです。

　診察のたびに言われること、それは女性という自分の身体を知ることの大切さです。

　私たちは一番近くにあるものほど見えていない、実は気づいていないということが山ほどあります。

　少しでも体調の変化を感じたらケアする、自分の身体をいつも労わる……そんな「身近だけどスルーしがちなこと」に目を向けることが大事なのですね。

Environnement et nature

○47　日差しを浴びる

「太陽の光を浴びる。
大切なことよ」

....

　ヨーロッパの中でも特にフランスは、カフェやレストランの
オープンテラスが多く、日光浴が好きな人たちだなと感じます。
　先日も少し気候があたたかくなったと思ったら、公園の芝生
にピクニックをするグループが集まっていました。
　住宅やオフィス選びの希望条件も「日当たりがいい場所！」
と即答する人がほとんど。
「住むところなんて、眠れればどこでもいい。仕事ができれ
ばどこでもいい」、私がそんなふうに呟くと、「NON！　ノ
ン！　それはだめ！　自分が一番心地よい環境を常に追求しな
くちゃ！」と言われてしまうのです。
　いつも最優先に自分の心地よさを考えるフランス人。
　彼らに学ぶことはまだまだありそうです。

○48 時間の変化を楽しむ

「夕方、仕事帰りに
明るいというだけで
幸せなのよ」

·········

　フランスには夏時間（4月〜10月）と、冬時間（11月〜3月）があります。日本との時差8時間のところ、夏時間は時計の針を1時間進めるため、時差が7時間になる仕組みです。

　フランスを訪れたことがある方は、夏は21時頃まで明るく、冬は17時には薄暗いという、極端な日照時間に驚いたのではないでしょうか。

　そんな時間の変化を上手く楽しむ友人がいました。

　友人は、日常生活で小さな幸せを見つけるのが上手で、毎年夏時間がはじまると心底嬉しそうにしているのです。

「どんなときも視点や意識を変えて物事を自分なりに楽しめる人は心が豊かだなあ」と、よい刺激を受けます。

　日本には、時間の切り替えはなくても、季節を楽しむ習慣がありますよね。満開の桜や真っ赤な紅葉を見て素直に喜んだり、感じたことを言葉にしてみるのもいいかもしれません。

⓪④⑨ しっかり休む

「何もしない時間こそ
アイデアが降りてくる」

....

　シャワーを浴びているときや散歩をしているときといった何気ない「ぼーっとしている時間」に、ふっと考えが思いつく。そんな経験はありませんか？

　私がフランスで出会った起業家やクリエーターの方たちは、口を揃えて「何もしない時間をつくらなきゃ！」とアドバイスします。

　それはフランス人が日常から離れてしっかり休暇を取る「バカンス文化に通ずる」こと。オフやバカンスは計画的に取る。これは誰もが意識したいことですよね。でもどうやって？

　ここで、私がやっている方法をひとつご紹介します。

　私は仕事でもプライベートでも Google カレンダーを使い、毎月、月末に翌月の「重要ミーティング」を確保しています。

　そう、これは自分の貴重なひとり時間です。

　簡単で最も確実な方法なので、ぜひ試してみてください！

Environnement et nature

◯5◯ 大地に触れる

「疲れたら、
裸足で芝生を歩きたくなる」

·········

「アーシング」とは、「裸足になって直接大地に触れる」という簡単な健康法のこと。

日本でもこの言葉を聞くようになりました。

夫も友人も、公園や砂浜では、すぐ靴を脱いで裸足になり、子どものように歩き回ります。子どもたちも裸足で遊ぶのが大好きです。

フランスでは、土足の家もまだありますし、アスファルトの都会で暮らしていると、自然と触れ合う機会は本当に少ないもの。**なので、たまには、足裏の感性を研ぎ澄ませてみるのもおすすめです。**靴を履いているときにはない感触があり、解放感で疲れた心もリフレッシュできます。

ついでに、いつも頑張ってくれている足に感謝する、普段は気づかない足裏の角質やかかとを丁寧にケアするなど、自分のために時間を使うことも大切ですね。

051　たゆとう

「泳がなくていい。海に浮かぶだけ」

....

　幼少の頃に溺れかけた経験から、私は、海もプールも大嫌い
で、「泳げなくても困らない」と頑固に生きてきました。

　そんな私が南仏マルセイユで暮らすことになり、語学学校で
「泳げないから海には入りません」と言うと、先生は目を丸く
して驚きました。

　なぜなら彼女は、夏の期間中、毎日仕事帰りに自転車で海へ
行く、生粋の南仏っ子だったからです。

　「泳がなくてもいい。ただ海に浮ぶだけで元気になりますよ」。

　そんな彼女の言葉に後押しされて、身体を地中海のしょっぱ
い水に浸してみました。その重力から解放される感覚には、た
だただ感動。身体を海水にゆだねるだけで、水の音、太陽の光、
身体の感覚に、とても敏感になるのです。

　「ただ浮ぶだけ」を教えてくれた彼女に感謝しています。

○52　耳を澄ませる

「聞こえるのは
小鳥のさえずりだけ」

....

バカンスで田舎の家に到着すると、夫は「静かに！」と言い、耳に手を添えて何かを慎重に聞くジェスチャーをします。何をしていると思いますか？

これ、実は「小鳥のさえずりを聞いて！」と言っています。

森の中をハイキングしているときや、庭で朝食をとっているときにも、子どもたちが大声ではしゃぐと、同じように「静かに！」と声かけをして注意します。

都会の騒音から遠ざかり、自然豊かな場所に来て気づくのは、普段は聞こえない、自然の音です。小さい頃から都会暮らしの私は、あまり意識していなかったことかもしれません。

そして夫は、そんな中で飲む、1杯のコーヒーほどおいしいものはないと言い、「La vie est belle!　人生は美しい！」と呟くのです。フランス人の人生の楽しみ方とは、こういうことなのでしょう。

Environnement et nature

❍53　異文化に飛び込む

「物を買うより、世界を見る。 経験にお金を使う」

....

　日本に住んでいた頃、私は他人からの目や、会社からの評価など、周りをいつも気にしていました。そんな私にとって、フランスで過ごす日々は新鮮で、発見の連続でした。

　誰からも干渉されないことの解放感。

　当時の私はそれだけで満たされた気持ちになりました。

　もちろん文化や習慣の違いで苦労することもたくさんありましたが、成功も失敗も経験もすべてが財産です。むしろ失敗から学ぶことが自分を強くする。旅にはそういう力があります。

　日本は休みが少ないと言われていますが、だからこそ思い切って異文化を体験できる行き先を選んでみませんか。

　海外で吸収した貴重な経験は、今後の人生をより豊かにしてくれるはずです。

０５４　夕日を眺める

「夕日を眺める時間が好き」

………

「１日の中でどの時間が好き？」という質問に「夕方」と即答した友人がいました。

夕方は、一番美しい時間だと言うのです。

　子どものお世話で忙しい私にとって、夕方は正直、「闘いの時間」。夕日を眺める余裕なんてありませんでした。

　それでも最近は、子どもたちと、オレンジ色やピンク色に染まる空を一緒に眺めるようにしています。

　そして、そのあと私が夕食の準備をしている間、色鉛筆や絵の具で、きれいな景色を「夕日アート」として表現してもらうのです。たまった作品は、封筒にして使ったり、祖父母にプレゼントしたりして、捨てる以外の使い道を見つけています。

　子どもとの夕日アート、ぜひ試してみてください。

０５５　そこにいるだけで落ち着く

「古い木の家具に流行はない」

．．．．．．．．．

　義理の祖父は彫刻家で、古い家具を修復させた経験があります。そんなこともあり、我が家は年季の入った家具を迎え入れています。どれも重厚感があり、引っ越しの際は、家具を解体する必要があるのですが、これらの家具を持つ最大のメリットは、流行がなく飽きないことです。

　モダンなアイテムは、洋服と同じで、一定期間使っていると「そろそろ模様替えしようかな」という波が来ます。一方、古い家具はそこにあるだけで落ち着く、家族のような存在になります。**トレンドを楽しむことももちろんいいのですが、「インテリアで自分の世界をつくりたい」「愛用品と長く付き合いたい」という方は、古い家具をおすすめします。**

　海外では、日本の骨董品や古道具が注目されています。

　地元の伝統工芸があれば、暮らしに取り入れたいですね。

Environnement et nature

056 自然も文化も大事

「都会の文化、
田舎の自然をバランスよく」

....

　都会暮らしか田舎暮らしか？　30代になった頃から、住む
場所についての議論を耳にします。ある日、友人が「自然と文
化のバランスだよね」と言い、私は妙に納得しました。

　幼少期を東京の都会で過ごした私は、フランスに来て「田舎
でのんびり過ごす」ということに違和感があり、心から楽しむ
ことができませんでした。当時は、定期的に自然に触れる習慣
がなく、居心地悪く感じていたように思います。

　**都会暮らしなら、週末にハイキングへ出かけたり、長期休
暇に森や海の近くでのんびり過ごすことができます。田舎暮
らしなら、美術館を巡ったり、目的もなく市内を歩き回ったり、
ショーウインドーや街中のグラフィティを観察することができ
るでしょう。**自然と文化、この2つは、どちらか片方ではなく、
補い合ってバランスを取ることで、私たちの心を豊かにするの
ではないでしょうか。

Part 5

私が学んだ

「こだわりを持って
生きる」

と い う こ と

Assumer ses goûts

057 自分の目で見る

「情報社会の今だからこそ、
実体験を大切にする」

....

　手軽に情報収集できる現代ですが、SNS のフィードやネットの記事を見かけただけで、その場に行った気分、何かを体験した気分になっていないでしょうか？

　観光ガイドをしている友人は、カフェもレストランも必ず自分の足で情報を取りに行くと言います。

　「なぜかって？　だってネットの口コミの何倍も信用できるものだから！」、笑いながらそう続けます。

　このような積み重ねが、自分だけのデータベースになり、直感や感覚で判断する材料になるのでしょう。

　会いたい人に会う、行きたい場所へ行く。

　単純なことですが、忘れないようにしたいですね。

058　お手本は自分の世界

「私は、この『物がたくさんある
空間』が好きなのよ」

....

　リヨン市内のアンティーク店が立ち並ぶ通りに、1店舗だけ個性が際立ったお店があります。それが「Antiquités Marilyn」です。オーナーのマリリンさんは、アンティーク・ドールの専門家。西洋人形以外にも、小さな店内には陶磁器、銀食器、アクセサリーやポストカードなど、買い付けた商品が並びます。

　また、その雪崩のような陳列がユニークなので、ウインドーを物珍しげに眺める人が絶えません。

　そんな彼女に、最小限に物を減らす「ミニマリスト」について意見をうかがいました。

「物が多いか少ないかより、そこに自分を表現できているかよね」と、商品を磨きながら答える彼女。私たちはついお手本を探して真似しがちですが、理想の空間に正解はないのです。お店に入った瞬間にマリリンの感性を感じる。そんな唯一無二の世界観を追求する素晴らしさを、マリリンに教えてもらいました。

Antiquités Marilyn
55 Rue Auguste Comte, 69002 Lyon

○59　演じるのをやめる

「役を演じる必要はありません」

………

　近所に小さなチャペルがあり、敷地内の古い家で修道女さんたちが共同生活をしています。ある日、1人の修道女さんと立ち話をして、「自分らしさの見つけ方」についてアドバイスをいただきました。

　「『自分らしさ』からかけ離れているなと感じることがあったら、『今、自分は周りの期待する人物像を演じていないか?』と考えてみましょう」と、彼女は提案します。

　演じることを止めることで、「自分らしさ」が生まれる。「あなただけの魅力を発見できるはずですよ」と優しい笑顔で応援してくれました。

　私は子どもが生まれてから、ずっと「母らしさ」を演じる昭和の母親像にとらわれていたのですが、そこから少しずつアップデートしていこうと心に決めました。

Assumer ses goûts

０６０ アンテナを立てる

「主体的に生きていると
いうことだね」

....

とある異業種交流会でのこと。

　私は、自己紹介をするとき、「フランスの暮らしから学んだことについて本を出版しました」と話しました。それに対して、あるマダムから「主体的に生きているということだね。いいじゃない」という言葉をいただきました。

　瞬時に理解できなかったので、「どういうことですか？」ともう少し聞いてみたところ、「自分が『気づこう！』とアンテナを立てていなければ、あなたが書いた内容も、ただの日常生活の一部でしょう」と説明してくれました。

　マダムの言葉で、「日常生活が学びのあるものになる、こんな思いがけない出会いや発見を大切にしたい」と思いました。彼女の言葉も忘れないように、すかさずメモを取りました。そして、この本でそんな学びを共有できることを嬉しく思います。

０６１　内側は誰にも真似できない

「絶対に真似できない部分、
それは内側」

………

　写真の仕事をしていたときも、発信活動をはじめてから
も、「写真の構図がほぼ同じ」「もしかしてアイデアを真似され
た⁉」というケースがありました。「真似されることについて
どう思う？」とアーティストの友人に意見を聞いてみたら、な
んともポジティブな答えが返ってきました。

「いつの時代でも見える部分は真似される。でも絶対に真似で
きないことがある。なんだと思う？　それは内側。だから私は
自分だけの感覚を信じて、『好き』を追求し続けるの」。

・自分のことを一番に信じる

・周りの雑音に迷わされない

・とことん、自分の「好き」を追求し続ける

　これがそのときのメモです。

　この考え方は、人生という長い道のりの中で、私たちが個性
を確立するためのヒントになりそうですね。

リヨン在住イラストレーター Magali Hubac. 自宅リビングは廃材を使用した作品で世界観をつくる。

０６２　信じる道を進む

「右へ進んでも、左へ進んでも
何か言われるなら
自分が行きたいほうへ突き進むだけ」

....

　パンデミックを経験して、人生について以前よりも考えるようになったという人は多いのではないでしょうか?

　ある友人は、コロナ禍を経て、長年の会社員生活に終止符を打ち、起業を決意しました。安定した会社員からの独立です。

　起業という新たな人生のはじまりで、想定外のことが立て続けに起きたようですが、彼は「周りはいつも好き勝手にコメントするからね!　自分が行きたいほう、信じる道を突き進むだけ」と話してくれました。

　確かに、本人でなければ意見を言うのは簡単です。

　おしゃべりのフランス人なら、なおさらいろいろ言ってくるのでしょう。だからこそ、大きな決断をする際には、叶えたい夢やビジョンを明確にする。そうすることで、迷ったときも自分を信じて進み続けることができるのだと思いました。

０６３　失敗してもいい

「失敗する経験を
計画的につくるの」

………

　好奇心旺盛で、毎年新しいことにチャレンジしている友人がいます。

　さまざまな分野に詳しいので、質問すれば何かしら回答してくれる。物知りで、「歩く検索エンジン」とあだ名をつけたくなるくらい、いつも前向きで物事に熱心に取り組んでいます。

　彼女は、「学ぶことで初心に帰る、そしてまた一歩前進するというスタイル」を貫いています。

　彼女が社会人になってから挑戦した習い事だけでも、水泳、演劇、ダンス、朗読、バドミントン、卓球……、彼女にとって毎年が挑戦なのです。

　大人になると、失敗する経験は少なくなり、居心地のいいコンフォートゾーンに留まりがちですよね。

　だからこそ彼女のように、抜け出す機会を積極的につくることが大切だなと思うのです。

Assumer ses goûts

064 プラスする

「あなたに足りないのは、
赤い口紅と笑顔ね！」

．．．．．．．．．

　2児の子育てで手一杯だった頃、しばらく手を付けていなかった化粧品を思い切って処分して、新しい物を探しに出かけました。たまたま立ち寄ったお店の店員さんが開口一番私に言った一言が「あなたに足りないのは、赤い口紅と笑顔ね！」。

　1日1日を終えることに必死だった私の心に響いた言葉です。**フランスの女性、特に年配のマダムを観察していると、髪型や服装は普段使いでも、口紅次第で品よく見えるなあと感じます。**「真っ赤な口紅はちょっと恥ずかしい……」と思う方におすすめなのが、「ポンポン塗り」です。まず唇にポンポンと赤色を乗せ、それから指でゆっくりなじませます。

　この方法なら、ベタ塗りより自然に仕上げることができますし、自分にベストな濃度も調整できます。

　ぜひ試してみてください。そして笑顔も忘れずに！

Assumer ses goûts

０６５　自分には価値がある

「良いところも悪いところも
私の一部だから」

………

なんでみんな、こんなに自信があるのだろう？

これは、フランスに８年住んでいて、今でも感じることです。

というのも、フランス人は、学生や中途採用の履歴書に「自分にはこんなに価値がある」「私を採用しない理由はありません」という自己アピールが並んでいて、日本との違いに驚かされるからです。

彼らの特徴について考えてみると、行き着くところは「ありのままの自分を認識して受け止めている」ということ。

調和や思いやりを重視する日本社会では、欧米人のようなはっきりとした自己主張は必要ないかもしれない。

でも、自分の良いところも悪いところも受け止めてあげれば、私たちは今より少し自信を持って生きることができるように思うのです。

⓪⑥⑥　生きがいを見つける

「IKIGAIは日本の言葉ですね。
フランスであなたの生きがいを
見つけましょう」

………

「生きがい（IKIGAI）」という言葉が「仕事と人生の質を向上させるための日本哲学」として、世界で注目されているって知っていますか？　私は移住して間もない頃、フランスの職安で仕事を探していたときに、カウンセラーの方にこのことを教えてもらいました。

「生きがい」をテーマにした外国人著者の本はベストセラーで、「生きがい」という概念が世界中で話題になっているようです。

**　同書で説明されている図では、①好きなこと、②得意なこと、③世界が求めること、④お金になること、この４つが重なる部分を「生きがい」と定義しています。**

　私はこの逆輸入の日本語のおかげで、自分の人生について真剣に考えるようになりました。

067 常識にとらわれない

「30年のブランクがあっても
いいのよ。やりたいときが
ベストタイミング」

……………

　パリに住む親戚のマダム。彼女がギターを弾きはじめたと聞き、「いくつになっても挑戦する姿が素敵ですね」と伝えたところ、次の言葉を残してくれました。
「ブランクの期間なんて関係ない。20年でも30年でも、やりたいと思ったときがベストタイミング」。

　私たちは、新しいことをはじめようとするときに自分の年齢を考えて躊躇してしまうことがあります。

　それはもしかしたら、心の奥底に眠る「周りの常識」にとらわれてしまっているからかもしれません。

　あなたには、最近気になっていることはありますか?

　大人になると、仕事や家庭などの条件で、新たに挑戦することを諦めてしまいがちですが、「やってみたい」という気持ちを尊重することも忘れたくないですね。

０６８　決断に迷わない

「人生において後悔するのは、
何かをしなかったという
ことだけである」

………

「人生において後悔するのは、何かをしなかったということだけである」とは、フランスの芸術家ジャン・コクトーが残した言葉です。私が新しいことに挑戦するときにいつも思い出し、背中を押してもらっている言葉でもあります。

　この言葉の意味を深く感じる出来事がありました。それは、私の母が病を宣告されたときのこと。母は早々に、「お世話になった人に挨拶する」「家族の思い出の場所を再訪する」といった「死ぬまでにやりたいこと」をリストにして家族に共有したのです。そして余命数ヵ月の間に、家族や医療関係者の助けを借りて、実現しました。**この行動力とエネルギーには、最後まで驚かされ、私も人生最期の日には「悔いのない人生だった」と胸を張って言えるように生きようと自分に約束しました。**

　決断に迷うことがあったら、ぜひこの言葉を思い出してみてください。

０６９　役割を切り替える

「妻、母、社会人、そして私。
私たちは複数の帽子を
持っているのよね」

………

　95ページでもご紹介した私の助産師さんが、あるとき、片手を頭に乗せ、帽子をかぶるジェスチャーをしながら、「妻、母、社会人、そして私。私たちは複数の帽子を持っているのよね」と言いました。

　フランス語で「avoir plusieurs casquettes」（複数の帽子を持つ）は、「いくつかの役目を掛け持ちしている」という意味で使われます。**特に仕事と子育てを両立している女性たちの会話では、頻繁に登場する表現です。**

　ちょうどこの日も「産後の復帰、その後どう？」という話題からこの言葉に出会いました。

　正直私は、複数のことを同時進行したり、複数のことを兼任することが得意ではありません。でもこの表現のように、スポーツの種目ごとにユニフォームを交換するといったイメージを持てば、役割の切り替えがしやすいと感じました。

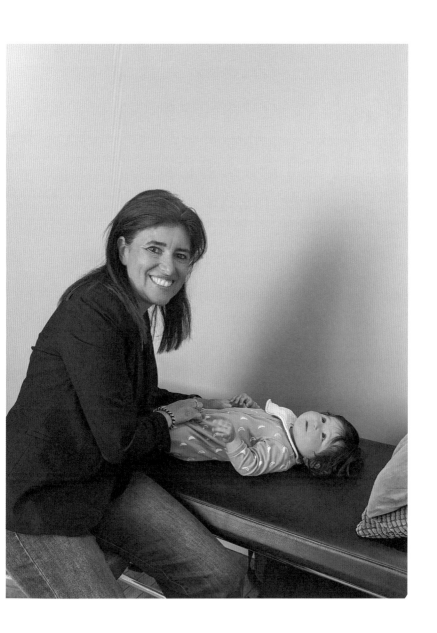

070 常に自分軸

「自分の選択に
責任を持って生きる」

....

フランスのカフェは、素敵な言葉に出会える場所です。

ある日、隣に座っていた40代後半と思われる女性2人組が、深く話し込んでいました。

ひとりの女性は同僚とのトラブルについて。

もうひとりは、パートナーとの不仲について。

会話の内容は決してポジティブではなかったけれど、最後に2人は、こう締めくくります。

「生きていれば悩みは尽きないもの。自分の選択に責任を持つことが大切よね。次はいい報告をするわ！」

彼女たちは常に自分軸で生きています。自分の選択や決断に真正面から立ち向かう、そんなブレない軸を感じる言葉でした。そして、本音で話すことができる貴重な友人を大切にしたいですね。

071　ちょこっと断言する

「自分の人生だもの。
主語の"私"を忘れないで」

·········

　語学学習を通して、母国語である日本語の「再発見」をすることがあります。

　例えば、日本語は主語を省略しても意味が通じること。

　フランス語で「J'aime le café ＝私はコーヒーが好きです」は、日本語訳では、主語を省いて「コーヒーが好き」とするほうが、より自然に聞こえます。

　さらに深く考えるなら、「主語＝私」を付ける場合、「ほかの人は紅茶や緑茶が好きと言うかもしれないけど、"私は"コーヒーが好き」のように、ほんの少しですが断言しているニュアンスに聞こえることにも気づきます。

　以前、語学学校の先生が「自分の人生だもの。主語の"私"を忘れないで」と言いました。日本語でも「ちょこっと断言」を意識すると、発言に自信が持てるのではないかと思っています。

072　毎日が特別な日

「とっておきを普段使いするの。
毎日が特別な日常になるから」

·········

　友人宅で紅茶をいただいたときに、使用していたアンティークのカップがかわいらしくて、そこから「とっておきを普段使いするの。毎日が特別な日常になるから」という素敵な言葉に出会いました。

　私は片づけができなくて、とっておきのカップや来客用のお皿を、使わずに棚に保管したままにする癖があったので、この言葉にドキッとしました。

　毎日の暮らしに散りばめられた「その人のこだわり」こそ、フランスの「Art de vivre（アール・ド・ヴィーヴル）」、つまり暮らしの芸術なのです。

　このことに気づいてから、母から受け継いだ抹茶椀やアンティーク和陶磁器を普段のテーブルで使うようになりました。

　海外で暮らす私にとって、日本を近くに感じることができる時間。目にも心にも愛おしいひとときです。

Part 6

私が学んだ

「お互いを認め合う」

ということ

Tous différents

073 笑わせる

「ユーモアは場を和ませる
知恵なんだ」

....

　フランスでは暮らしの中に、ユーモア溢れる言い回しがこれでもかというほどに飛び交います。

　例えば、

La pression, il vaut mieux la boire que la subir!

（プレッションは耐えるより、呑むほうがいいね！）

　この Pression は、「圧力」という意味がありますが、同時に「生ビール」という意味もあるので、このような表現になります。

　こういう表現を聞くと、クスッと笑わずにはいられません。

　プライベートだけでなく、ビジネスシーンでも、こういったひねりのある言い回しを忍ばせるフランス人は、やっぱり頭の回転が速いと感心します。

　そして、なにより人生を楽しんでいるなあと気づかされるのです。

074　好き嫌いに正直

「ほうれん草は嫌い」

....

　フランス人は、こんなにも嫌いな食べ物を主張するの？

　これは私が食卓で一番に受けた印象です。

　なぜなら私は、好きでない食べ物でも、文句を言わずに食べるべきだと思っていたからです。

　一方彼らは、子どもには「一口は食べようね」と言うのに、自分の嫌いな食べ物は、代替品を用意したり、どんなに小さな部分でもきれいに残したりするのです。

　「大人げないなあ」と思ってしまうところなのですが、それと同時に気づかされたことがあります。

　それは、いつでも、年齢関係なく、自分に正直な人たちだということ。

　日々の小さな不快に敏感に反応する。そして、自分を知ること、他者との違いを主張すること。

　それが感性を磨くヒントなのではないでしょうか。

Tous différents

075 ノーも言う

「誘う自由も、断る自由もある」

・・・・・・・・・

「自分から誘って、断られたらどうしよう……」

「誘ってもらったのに断ったら悪いかな……」

　20代の頃はバシッと決断ができず、どちらを選んでも、罪悪感がつきまとっていました。当時を振り返ると、物事を複雑に考えすぎていたなと思います。

　子どもの学校関係、仕事、プライベートなど、人付き合いが多いフランスでは、「迷う暇がない」というほど、頻繁にお誘いや約束の日程を決めるやりとりがあります。

　私がこの数年、頭の片隅に置いている言葉があります。それは、「私たちには誘う自由も、断る自由もある」ということ。

　今じゃなければ、次の機会に。そんなふうに受け止めるようになったんです。このように考えることで、少し心が軽くなりました。

Tous différents

076 発言に自信を持つ

「私のスタイルじゃないけどね!」

. . . .

　フランス人が「私のスタイルじゃないけどね!」と言うたびに「みんな自分のスタイルを把握しているんだなあ」と思わずにはいられません。ファッション、インテリアはもちろん、政治経済や社会問題、子育ての方針などに同じことが言えます。

　では、どうやってスタイルを見つけるのでしょうか?

　私自身は、日常のさまざまな問題や課題に関心を持って考え、発言することにあると考えています。

　そのために少しでもできることとして、私は音声プラットフォーム「Voicy」で、気になるテーマについてお話ししています。そしてリスナーさんは、アウトプットする場所として、コメント欄を使ってくださっています。

　「自分はどう思う?」を言葉にすることに正解も不正解もありません。練習を繰り返すことで、迷いなく自分の意見を発言し、自分のスタイルを築けるようになると思っています。

077　自分を表現する

「恥ずかしがり屋の子どもは、
演劇で克服する」

・・・・・・・・・

　一般的に、保育学校に入学後の3歳〜4歳頃から学校外での習い事をはじめますが、「フランスらしいな」と感じる子どもの習い事と言えば、演劇（Théâtre＝テアトル）です。

　新学期は、親同士で習い事の情報交換が盛んになるのですが、なかでも「なるほど！」と感じたのは「恥ずかしがり屋の子どもは、演劇で克服する」と言われていることです。

　日本で演劇と言うと、芸能界を目指している子のイメージが強いですよね。**一方、フランスでは、演じることを通して、「主張を恐れず、自信を持って発言できるようになる」といった効果があるそうです。**

　実際、恥ずかしがり屋で挨拶もできなかった子が、1年後、学習発表会で主役を演じる姿に驚いたことも覚えています。

　こんなふうに、日本とフランスの教育や習い事の考え方を知ることで、その国の人たちの生き方が見えてきますね。

Tous différents

078　堂々と振る舞う

「褒められ上手にならなきゃね！」

………

　先日、次男の三者面談がありました。

　テストで満点だったことを先生から褒められたのですが、本人は照れて終始真顔。

　最後はとうとう、うつむいてしまい、これには私も先生もびっくりしてしまいました。

　そんな次男に対して、先生からの「褒められ上手にならなきゃね！」との声かけは素敵でした。

　これぞ、堂々と生きるフランス人！　彼らの原点を感じる言葉だと思いました。

　大人の私も同じです。謙遜しすぎず、「ありがとうございます！」と笑顔で感謝すること。

　相手の言葉をしっかり受け取ることから意識したいと思っています。

Tous différents

079 そっと見守る

「思いっきり泣いて」

・・・・・・・・・

　長男は私と同じ完璧主義の傾向があり、抱え込みすぎて、限界を超えると爆発してしまうことが多々ありました。

　そんなときに夫が彼に言う一言、それは「思いっきり泣いて、落ち着いたら話そう」。それだけです。

　最初は、「えっ？」と耳を疑ったのですが、問題を話し合える状態になるまで根気よく待つと言うのです。

感情ととことん向き合い、観察する習慣をつくること。

　それは自分の性格について知るきっかけでもあります。

　子どもが大声で泣いてパニックになったときも、親として思い通りにならないことに、もどかしい気持ちになりますよね。

　そんなときこそ、そっと見守り、距離を置くことで、子ども自身が自己解決する力が育まれるのではないかと思いました。

○8○ 権利を主張する

「僕にも交渉する権利がある！」

....

「僕にも交渉する権利がある！」、これは当時3歳の長男が言った一言です。権利を主張することで有名なフランス人ですが、「まさかこんなに小さい頃からはじまるなんて！」と、目が点になりました。

それと同時に、「いつから私は主張できなくなってしまったのだろう？」と回想するきっかけにもなった出来事でした。

私の幼少期は、「子どもだから」と言われることも多く、大人相手に主張する、ましてや子どもが、就寝時間や食事のメニューのこと、子ども部屋の収納のことといった「家庭内のルール」を変えるような提案をすることはありませんでした。

一方、フランスでは、「話してごらん」「説明してごらん」と子どもの感情や考えを汲み取ろうとすることが多いのです。

小さなフランス人の強い軸を育てる、最高の環境。

そんな場所で成長できる我が子を羨ましく思います。

Part6　私が学んだ「お互いを認め合う」ということ

◯81 個性を認める

「私のクラスでは違うテキストを使います。勉強のゴールは同じなので心配しないでくださいね」

....

　3歳から義務教育がはじまるフランス。子どもたちが学校に入学してまず驚くのは、机と椅子の配置が先生によって異なることです。それは小学生になってからも変わりません。クラスでは、その先生の個性が尊重されているのです。

　また、日本では、みんな同じ教科書を使いますが、フランスでは先生によってテキストやプリントが違うこともあります。

　さらに、英語や物理など、ほかの先生よりも得意な教科がある先生の場合は、1人の先生が複数のクラスを受け持つといった、日本ではなじみのないことが次から次に登場します。**仕事でも同じことが言えますが、みんな同じ目標を持っていても、決められた時間をどのように使うかは個々の判断ですよね。**

　先生たちは学校という枠の中でも各々のスタイルを確立できるので、これはやりがいがあるだろうなあと思いました。

０８２　自分だけで抱えない

「『自立する』とは、必要なときに 頼れるということ」

....

　フランスで子育てを通して出会った助産師さん、保育士さん、小児科医の先生、学校の先生……、診察や面談などで、よく「『自立する』とは、必要なときに頼れるということ」と言っていました。

　移住して間もない頃は、「フランス人女性はみんな子育ても仕事も両立していてすごい。私も頑張らなきゃ！」と、１人で奮闘し、周りが見えなくなっていました。抱えきれなくなって心がしぼんでしまったことが何度もあります。でも、みんな自分だけで子育てをしているのではないことがよくわかります。家族や子育てのプロなど、心強いパートナーにしっかり頼っているのです。**そう、これが自分の限界を知り、行動できる、自立した人。**ひとりで頑張るのではなく、「頼ること」の成功体験を繰り返して、私も「お願いして断られたらどうしよう」と不安になることがなくなりました。

083 両立させる

「仕事は情熱！」

· · · · · · · · ·

「あなたにとって仕事とは？」という質問に、「C'est ma passion！＝情熱！」と胸を張って言える人は、頑張っているなあ、素敵だなあと思います。自由に生きる女性を語る上で、経済的な自立は欠かせないことですが、大事なのは決して「経済的な自立」だけではありません。情熱を持って取り組む仕事、つまりライフワークには、その人を輝かせる力があります。

フランスでは産後、約2ヵ月〜3ヵ月で復帰をする女性が大半で、子育てに専念するよりも、仕事と子育てを両立させるほうが心身ともにバランスが取れると言われています。

私自身も、第3子を出産した後の一番手がかかる時期こそ、子育て以外のことを考える時間を持つことで、ストレスが軽減されました。もし、結婚や出産を機に「仕事をセーブしなきゃ」と悩むことがあったら、「うまく両立させる」ということも視野に入れてもいいと思います。

○84　サポートし合う

「カトラリーは
私の担当なんですよ」

....

　義理の祖父母は、絵に描いたような素敵な年配夫婦です。

　彼らは交友関係が広く、家族や友人を招いて一緒に食事をすることが大好き。祖母は自他ともに認めるお料理上手で、大きなココットで煮込んだジビエや、魚介類をふんだんに使ったグラタンは、世代を越えて受け継がれている料理です。

　彼女がキッチンで手際よく料理を準備していると、祖父がスッと立ち上がり、テーブルのセッティングをはじめます。お皿、カトラリー、お水のグラス、ワイングラス……、そして、「自分は料理をしないからね！」とウィンク。そんな姿がかわいらしく、印象に残っています。

　フランスは個人主義の国なので、両親と同居という考えはありません。**70代、80代になっても、年配の方はこんな感じでお互いをサポートし合いながら暮らしています。**私たち夫婦もこんな関係を築きたいなぁと感じました。

Tous differents

085　受け入れる

「私が変化に合わせていくわ」

·········

　いくつになっても時代や環境に合わせて変化し続ける人、私はそんな人たちを尊敬しています。

　例えば、シニア世代とデジタルツール。

　今までなかったものが生活必需品になり、私たちの暮らしや働き方に大きな影響を与えました。

　新しいことを受け入れるのは簡単なことではないはずです。**「それでも挑戦してみる！」と言える人たちは、今までの人生で培ってきた経験や、自分の信念があるからこそ、変化を恐れないのだと思います。**

　今は亡き義理の祖母も、スマホでのコミュニケーションが得意でした。孫たちとのグループの管理者になり、季節のお花や植物を写真でシェアし、メッセージアプリのやりとりを楽しむ姿が印象的でした。立ち止まらず、能動的に変化しながら楽しみを見つける。それが彼女からの学びです。

086　どれも正解

「ママ、答えはひとつじゃないよ」

....

　ある日、長男との他愛のない会話の中で「ママ、答えはひとつじゃないから違っても大丈夫」と言われたとき、目が覚めるような気持ちになりました。きっとこれはフランスの学校で先生がよく言う言葉なのでしょう。

　私が小学生の頃は、心のモヤモヤが多い時期でした。算数のテストは、学校で習っていない式で計算をしたらだめ。国語のテストは、文章に書いていない言葉を使ったらだめ。悪い先生ではなかったけれど、そんな環境で、私はマルをもらえる答えを書くようになったし、勉強だけでなく、仕事や生き方も正解を追いかけるようになりました。けれど今は、正解はたったひとつではないと言われる時代。**そもそも人生に正解なんてないという前提で生きることが柔軟な考え方を育てる土台になります。**

　子どもたちには、「自分の決断を正解にしていくぞ！」くらいの気持ちで成長してほしいと思っています。

◎87 「好き」を形にする

「あなたは写真というツールで 自己発見しているんだね」

………

　私にとって写真は、過去に一度諦めたキャリアでした。

　そんな私に再び写真を撮るきっかけをくれたのが Instagram です。

　数あるプラットフォームの中で、たまたまはじめたのが、写真や動画が主体のツールだったことには運命を感じます。街中で写真を撮っていると、「何を撮影しているの？」とか「ここの景色は最高だよね！」などと話しかけられることがあるのですが、ある人は写真を「自己発見のツール」と表現しました。

　自己表現だけでなく、自分の興味関心を発見する。そのとおりです。

　今は、一眼レフがなくても、スマホで高画質な写真を撮ることができます。お気に入りの写真は、プリントしてみるのもおすすめです。

　自分の「好き」をもっと可視化していきましょう。

Tous différents

◯88 周りの人を大事にする

「家族や自分だけではなく、 周りの人誰もが、心豊かに、いきいきと 暮らせる社会をつくるには何ができる？」

………

「Association アソシアシオン」は、フランスの非営利市民団体です。日本の NPO 法人のようなボランティア活動以外に、同じ興味関心を持つ仲間との活動（アソシアティブ活動）をおこなう団体もあります。

　私の場合は、日本人会や補習校などの日本関連の活動のほかに、子どもの習い事の多くも、アソシアティブ活動として参加しています。

「フランス人は働くことが嫌い」と言われることが多いのですが、勤務後や週末、このような団体活動に積極的に取り組むフランス人は意外と多いのです。

　それは、「家族や自分のためだけでなく、周りの人誰もが、心豊かに、いきいきと暮らしていける社会をつくりたい！」という気持ちがあるからなのだと思います。

Part 7

私が学んだ

「その国ごと
好きになる」

ということ

Connaître ses racines

０８９　言語でルーツを知る

「フランス語は世界で一番美しい
言語だと信じています」

………

　渡仏前の私は、英語ができれば世界中どこでも暮らせるだろうとフランス語をかなり甘く見ていました。

　実際、現地で暮らしてみると、語学ができないことで居心地の悪さを感じて、すぐに語学学校を探すことになります。

　私が初めて通った学校の先生は、第1回目の授業でフランス語を「世界で一番美しい言語」と表現しました。

彼女の母国語への愛を感じますよね。

　正直、当時の私は日々の暮らしで手一杯だったので、彼女が言う美しさについて考える余裕など1ミリもなかったのですが、今は心から「あのときの言葉は本当だった。勉強してよかった！」と思うのです。

　なぜなら、フランス語の豊富な語彙、発音の滑らかさ、韻を踏む楽しさなどを通して、この国の文化や考えをも学ぶことができたからです。

０９０　表現を工夫する

「ミモザが家じゅうをよい香りで
満たしている！」

....

Mimosa embaume toute la maison!
（ミモザが家じゅうをよい香りで満たしている！）

　毎年、満開のミモザの写真を SNS に投稿して、春の訪れを
シェアする親戚のマダム。彼女は、「ミモザはいい香りがする」
という言い方ではなく、「embaumer　〜をいい香りで満たす」
という動詞を選びます。

　**私は素敵な言葉に出会うたび、いつもメモをしています。
というのも、フランス語を注意して聞いていると、表現のしか
たに、その人の魅力が溢れ出ているからです。**

　フランス語を勉強している方は、映画やドラマの表現豊かな
台詞に注目してみてください。日本語とはまた違う美的感覚に
出会えるはずです。

〇91 感性で読む

「著者に寄り添う読み方と
いうのもあるわ」

·········

　読書家のフランス人と出会ったおかげで、私は読書の素晴らしさを再発見することができました。

　彼女は、ただ本を読んで理解するだけではなく、読書グループに参加しておすすめを紹介し合い、感想をグループのメンバーと共有。インプットした学びをしっかり身につけていたのです。

　そんな彼女が言った一言が忘れられません。

　それは、「著者に寄り添う読み方というのもあるわ」です。

　読書は私にとって、ただの情報収集としてのツールでしたが、本好きのフランス人たちの「読み方」はもっと深い方法だと知りました。

　知識としての読書から、感性の読書へ。

　著者になり切って読む、そこで感じたことをシェアする。

　あなたも、そんなふうに読んでみませんか?

０９２　家族で過ごす

「真夜中になった。歌おう！」

・・・・・・・・・

　フランス語でクリスマスは「Noël（ノエル）」と言います。年末最大のイベントで、各家庭によって過ごし方はさまざま。

　私は毎年、義理の両親とクリスマスを迎えています。メインは 12 月 24 日の夜。20 時頃からアペリティフ（食前酒）がはじまり、大人 10 名でプレゼント交換をし、そしてフルコースの食事をすると、深夜 2 時頃までかかります。

　なかでも驚かされたのが、真夜中の合唱！　深夜 0 時になると義理の妹がピアノを弾きはじめ、家族が立ち上がり、クリスマスソングを歌うのです。その嬉しそうな姿といったら、喜びに満ち溢れていています。**こうやって年に一度、家族全員が集まり、ともに歌う。これほど幸せなことってないですよね。**

「Il est né le divin enfant（彼は生まれた、神の子）」

　これが定番の一曲。ぜひ検索して聴いてみてください。

　ノエルが近づくと大人も子どももつい口ずさんでしまう曲です。

○93　芸術を身近に感じる

「芸術は、大人だけの楽しみでは ありませんよ」

....

　次男が5歳のときに通っていた公立保育学校では、年長クラスの先生が「本物に触れる」ということをわかりやすく伝えていました。ピカソ、ゴッホ、マティス、草間彌生をはじめとする世界の芸術家について授業をしていたこともありました。

　それ以降、息子は街中でゴッホの絵を見るたびに、まるで友達を紹介するように「ヴァンサンの絵だよ！」と教えてくれます。

　後日、このエピソードとともに「幼児向けなのに難しいテーマですね」と先生に感想を伝えると、「芸術は、大人だけの楽しみではありませんよ」と笑顔で返されてしまいました。確かに！

　フランスの美術館では、子ども向けのアトリエ（ワークショップ）も開催されていて、年齢に合ったプログラムで本物の芸術に触れることができます。

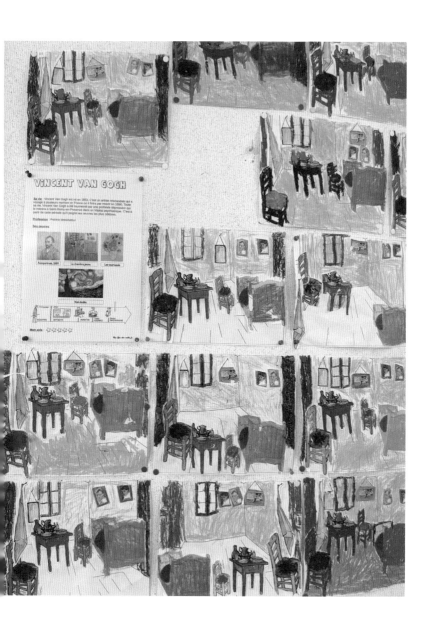

○94 考えながら鑑賞する

「オーディオガイドは次回借りるわ。
初回は解説なしで
作品を鑑賞したいの」

·········

あなたは、美術館でオーディオガイドを利用しますか？

2023年秋、私は世界的人気を誇る写真家であり、マグナム・フォトのメンバー、エリオット・アーウィットの回顧展を見に行きました。その会場で、とあるマダムが「オーディオガイドは次回借りるわ。初回は解説なしで作品を鑑賞したいの」と話しているのを耳にしました。このマダムは、オーディオガイドをすすめるギャラリースタッフに、「結構です」と笑顔で答えていたのです。

作品の楽しみ方は人それぞれですが、答えのない物事をあれこれ考えるのはエネルギーを消耗する、疲れる作業です。

ガイドの説明で「この作品はこう見る」と教えてくれたほうが断然ラクなのですが、あえて楽しむのがフランス人。
「さすが、考えることを愛する人たちだなあ」と思わされました。

095 歴史に学ぶ

「趣味は、
フランスで最も美しい村を
訪れること」

....

フランスの最も美しい村（仏：Les plus beaux villages de France）をご存じですか？　これは、1982 年に設立された協会です。人口 2,000 名以下、歴史的建造物や自然遺産を含むなど、厳しい選考基準をクリアしたら認定する。こうして田舎にある小さな村の経済活動を促進しています。

私も長期バカンスや週末の日帰り旅行で、この協会のリストを参考にして出かけることがあります。2024 年現在、176 の村が登録されていますが、地域の中心にお城が残る村や、中世の石畳が美しい村など、映画の舞台になるような場所が多いです。そして、知人の夫婦の趣味は、まさにこの村々を訪れること！　**「ほかのどの国もフランスという国が大好き」**と言い、**歴史についても学びを深めている**そうです。このご夫婦は知性に溢れているのですが、こんな趣味があるなら納得です。

⓪⑨⑥ 故郷の食を味わう

「日本とフランスの共通点は、
食文化の豊かさ。
食はアイデンティティだよね」

....

　フランスに住むメリットはいくつもありますが、なんといっても食事がおいしいことでしょう。外食だけでなく、国産の食材が充実していることも、私にとっては嬉しいです。

　ある日、フランス人の友人が、日本出張から帰って来て、目を輝かせながら話しはじめました。観光名所の美しさはもちろんのこと、日本食には特に感動したと言うのです。確かに、日本とフランスのどちらも食にはこだわりがあり、食文化に誇りを持っています。

　さらに、伝統行事やそれにまつわる食事を大切にしていることにも気づきます。**日本はお正月のおせち料理、フランスはクリスマスの豪華な料理など、食は離れて暮らす家族を繋ぐ架け橋だともいえますね。**

　フランスでも日本でも、食文化を楽しむには、その料理の背景までも大切にしたいものです。

Connaître ses racines

◎97　当たり前のよさに気づく

「故郷から離れて
再発見するのですよ」

………

　私が着物姿でフランスの街中を歩いていると、老若男女、い
ろんな方が話しかけてくれます。

　これも海外で着物を着る楽しみのひとつです。

　ある日は、バス停で年配マダムに声をかけられました。

　年配マダムは私にこう言います。

「私は過去に海外転勤が多い仕事をしていて、いつもフランス
のチーズが恋しくてね。自分の故郷から離れて初めて、当たり
前に手にしている暮らしの豊かさに気づいたの。きっとあなた
も同じじゃないかしら？」。本当にそのとおりです。

　**外から日本を眺めて、初めて気づく美しさや価値がありま
す。**あなたも、もしフランスを訪れることがあったら、「日本
から見たらどうかな」「フランスから日本を見たらどうかな」
という視点で考えてみてください。

０９８　神様について考える

「日本人は無宗教と言うけれど、
神様の存在をこんなにも
身近に感じる暮らしはないよね」

………

　カトリックが主流のフランスでも、年々若者の宗教離れが進んでいるようです。フランス人の夫も、無宗教だからと言い、近所の教会には近寄りません。お寺でも神社でも手を合わせる日本人とは、習慣も考え方も違うことを知りました。

　ある日、夫婦で奈良の春日大社を訪れました。「信仰心がない外国人だから参拝しない」の一点張りだった夫も、奈良公園の鹿、自然豊かな境内、そしてあでやかな社殿には心を動かされたようです。**見よう見まねで手を合わせ、今では「神様の存在をこんなにも身近に感じる暮らしはない」と家族や友人に説明します。**彼の価値観の変化を通して、教養として各国の宗教の知識を身につけることの重要性を再認識しました。

　その国の「神様」について知ることは、海外での交友関係だけでなく、自分自身の成長にも繋がることですね。

Connaître ses racines

⓪⑨⑨　母国のことを知る

「令和ってどういう意味なの？」

· · · · · · · · ·

　小さい頃から「海外で暮らす！」という大きな夢を持っていた私は、日本の古典よりも外国語、日本史よりも世界史を優先して学んできました。

　しかし、実際に海外で暮らすと、母国について知らないことが多く、恥ずかしい経験をしました。例えば、語学学校で母国について発表するとき、「○○時代は西暦でいつ？」「なんで着物を着なくなったの？」という質問に戸惑いました。一方、ほかの外国籍のクラスメイトは、堂々と答えているのです。

　最近は、源氏物語が注目されていて、「あらすじを教えて！」と言われたり、感想を求められたりすることもあります。

　これらの経験を通して気づかされたのは、異文化交流を楽しむためには、まず母国日本について興味を持ち、調べることが大事だということ。そして、完璧な答えでなくても、「自分の言葉で話そう！」とする気持ちが一番大切だとわかりました。

１００　自分の国に目を向ける

「やっぱりフランスが大好き！」

………

　夏が近づいてくると、「今年はどこへ行くの？」と話題が尽きないバカンス大国のフランス。

　そんなやりとりで気づかされたのは、彼らは「自分の国が大好き！」ということです。

　私のような外国籍の配偶者を持つ家族を除き、「毎年必ず、国外旅行をする！」という家族は意外と少数派。

　今年はブルターニュ、来年はニースなど、各地の名所を巡り、東西南北その土地の郷土料理やチーズやワインを堪能する。そんな楽しみが絶えないのがフランスという国です。

　私が日本に住んでいたときは、海外へ行くことばかりに目を向けて、国内旅行の優先順位を下げていました。

　今は、フランス人を見習い、日本各地を紹介できるような海外在住日本人を目指して学びを深めています。

おわりに

「好き」「こだわり」を
見つめなおすことから
はじめよう

最後に、執筆を進める中で学んだことを2つご紹介します。

☫「感性」は、日本特有の概念だということ

「感性」は、日本独特の言葉だとわかりました。フランス語の辞書で調べると「Sensibilité サンシビリテ」と出てきます。しかし、この単語は、日常的に使われる言葉ではないとのこと。そして芸術的感性以外に、感受性の意味も含まれるので、混乱を招くと友人や家族に指摘をされました。そのため、本書タイトルの仏訳は、この単語を使わずに表現しています。

☫誰でも唯一無二の世界観をつくれること

誰もが感性のアンテナを育てることができる。そして、唯一無二の世界観をつくれるとわかりました。当たり前の風景をよく観察していると、日常には心豊かな暮らしのエッセンスが散りばめられていると気づきます。大切なのは、知らない場所へ

行き、さまざまなことに興味や関心を持つことです。

　本書で紹介したエピソードを通して、あなた自身の「好き」や「こだわり」を見つめなおすきっかけになれば嬉しいです。

　最後になりましたが、大和出版の葛原さん、応援してくれた家族や友人、読者のみなさまに感謝申し上げます。

　そして、2年前に他界した母へ。「いつも厳しく、親子喧嘩をたくさんしましたね。でもお母さんは、私の海外留学の夢や、海外移住の決断に笑顔で応援してくれました。快く世界へ送り出してくれたおかげで、フランスでの素晴らしい出会いと経験が、私の心を大きく成長させてくれました。いつも遠くから見守ってくれてありがとう」。

　初夏を感じるリヨンの青空の下。

ロッコ

感性は、
日々の小さな発見の
積み重ねでできている。

*Jour après jour, c'est avec les petites choses du
quotidien qu'on construit son univers.*

主役はいつも "私自身"

フランス人に学んだ「本当の感性」の磨き方

2024 年 7 月 31 日　　初版発行

著　者······ロッコ

発行者······塚田太郎

発行所······株式会社大和出版

東京都文京区音羽 1-26-11　〒 112-0013
電話　営業部 03-5978-8121 ／編集部 03-5978-8131
https://daiwashuppan.com

印刷所／製本所······日経印刷株式会社

装幀者······菊池祐

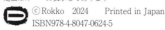

ⒸRokko　2024　　　Printed in Japan
ISBN978-4-8047-0624-5